Am Fluss entlang
Gedichte

Sabine Rädisch

Bibliografische Information der Deutschen Nationalbibliothek:
Die Deutsche Nationalbibliothek verzeichnet diese Publikation in der Deutschen Nationalbibliografie; detaillierte bibliografische Daten sind im Internet über http://dnb.dnb.de abrufbar.

Herstellung und Verlag: BoD – Books on Demand, Norderstedt

ISBN: 9783749453252

am fluss entlang

rad an bank gelehnt
donau spritzt ins gegenlicht
gedankenflattern

alles was ist

deine augen spiegeln
das vorüberziehen der äste
auf dem wasser
nebel umhüllt dich

schritt vor schritt setzt du
auf den sich wandelnden weg
nur deine füße
sind immer dieselben

dein gleichmäßiger atem
füllt
und leert
die lungen
in deinen ohren
nur dieses eine geräusch:
einatmen - ausatmen

geschickt
steigst du darüber hinweg:
ein stolperstein
hindernis und wegweiser
zugleich

bewegung ist überall
gleich ob du gehst
oder stehst

vom feldrand aus
siehst du die vögel aufsteigen
und grashalme zittern
unter einem unsichtbaren atem

das flügelschlagen eines schmetterlings
und die erdkrümel
vom frischen maulwurfshügel:
alles was ist
ist in bewegung

am fluss entlang

du folgst dem fluss
auf nassen füßen
während das wasser
sich land holt

du suchst eine brücke
und findest
ein boot ohne ruder
legst dich hinein
und ziehst den himmel
über dich

das boot steigt bei regen
und fällt mit der dürre
zur mündung hin

so gleitest du
in die gezeiten
den wellen ausgeliefert
und nur dein boot weiß
wo du bist

bald lernst du
sturm und flaute auszuhalten
deine nächte zählst du nicht

dann strandest du
auf einer insel
und merkst
dass du sie immer schon
bewohnst

mariaort

das flussbett der naab
ist die schlafstatt der fische
an der mündung des tages
in die nacht

wolkeninseln fallen
zwischen die farben
des himmels und
alles ist tiefer:

das dunkle
das helle
die farben
das grau

packtaschen

sie klammern sich fest
wenn's drauf ankommt
und sind doch leicht zu lösen
mal robust und verschlammt
mal glänzend vom regen
biegsame kofferräume
aus roter plane
ihre dunklen innenräume
fassen laptop, wocheneinkauf
und gepäck für zehn tage

stadtamhof

über den caféterrassen
schweben gardinen
im offenen fenster
das kind und
die sicheren hände
der mutter

ein dorf in der stadt:
es atmet
espresso und zeit
in kleinen schlucken

was ich liebe

an den ufern von flüssen zu sein
ihrer tiefe ihrem funkeln
dem glucksen des wassers

in der nähe von bergen zu sein
ihrem schutz ihrer stille
ihrer ferne von allem

inmitten von wäldern zu sein
ihrem duft ihrer feuchte
dem rauschen der wipfel

nahe bei menschen zu sein
ihren stimmen ihrer wärme
dem klang ihres lachens

umgeben von büchern zu sein
ihrem trost
ihrem gewicht
und ihrer leichtigkeit

mit der erde verzahnt

ein moospolster sein
unter forsythienzweigen
brunnengeflüster

auf dem jura liegen

der hang fällt ins tal
ohne anzukommen,
von stiller landschaft
aufgenommen.

wolken weiden am himmel
und filtern das licht in die furchen,
bräunlich gepolsterter fels
unter laublosen bäumen.

senken begrenzen die sicht
auf naheliegendes.
krähen wachen lautlos
über die saat.

kein tropfen, kein windhauch;
die hand im gestrüpp greift stacheln.
du liegst mit der erde verzahnt.

inspiriert von Arthur Schnabl: Wandern im Karst

farben.

1   der blaue himmel über mir.
das braune, frisch gepflügte feld.
die ockerfarbenen augen des hundes.
das hellgrün in den zweigen.
der olivenbaum in deinem garten.

2   dein blauer garten in den augen des hundes.
der frisch gepflügte himmel in hellgrün.
olivenzweige am braunen himmel.
über mir dein feld.

3   der hellgrüne hund im olivenbaum.
unterm frisch gepflügten gartenbraun.
meine blauen zweige im ockerfeld.
über deinem augenhimmel.

michaelsbuch

struppige landschaft
die straßen gesäumt
von leeren plastiklichtern
auf katholischer erde
wächst strom
und gras für die gnadenbrotpferde
die höfe der zuckerbarone
leuchten im wind
es riecht
nach melasse und zellstoff
jenseits der äcker
das vorwaldgebirge
unter den füßen
der saftige boden
über den kiesweihern
wintervögel
hier ist der himmel
breit genug für barock
und falsches heimweh

gumpelzhaimerstraße

die hitze tropft
von gelben leinen
in das viel zu kurze gras
jetzt ein glas weißwein
auf dem balkon
metall auf metall irgendwo
und fernsehstimmen
aus geöffneten fenstern
rollgeräusche fluten die dämmerung
dann wieder ebbe: joggen auf gehsteig
in der kurve seufzt der bus
ein motorroller mäht vorbei
punkt neun schlägt die turmuhr
zum grillencrescendo
aus dem tunnel das jaulen
der lastkraftwagen

dezember im herzogspark

grau gähnt der himmel
über dem schlafenden garten
und atmet endlos aus
wovon träumen rosen?

die hochstämmchen
fest in jute gewickelt
trotzen sie
dem jahreslauf
beschnitten
den schneeschleier im nacken

ein eisnadelwind
wiegt gräser
in den winter

lederergasse

ein grünloser gassenstrauch
wirft schatten
um die ecke
gebogen vom pflasterwind
ein rauchblauer blick
weht aus dem fenster
dahinter sein klagelied
ein rostbraunes tor
schweigt neben dem auto
in parkausweistürkis
vw polo, alt
rote schrift im absoluten
halteverbot
in jeder zeile
ein rufzeichen mehr
unterm scheibenwischer
eine sonne
die den morgen in zonen zerteilt
lichtkalt und dunkelfeucht

alleemöbel

das alte rot
auf ihren planken
stumpf vom blütenstaub der jahre
in ihrem schatten ein sandiger schnuller
und lustlose tauben
bald aufgescheucht von rad und fuß
die jetzt legal sich hier begegnen
hinter ihrem rücken der herzogspark
ein gähnen ein rauschen von grün
an ihren flanken die
schatzkästchen der pfandsucher
sie ist aus der mode
doch gut genug
für eine rast mit einkaufstüten
ein stück den weg hinunter
warten ihre jüngeren schwestern
in ökobraun

vor der winterruhe

die äcker haben geschlossen
die feldscheune neigt sich
nach links
einsame kartoffeln
müssen draußen bleiben
im laubhaufen schläft
ein igel

wir wollen doch alle nichts böses

egal was du brauchst
algorithmen halten dich
bei bester laune

nichts zu verbergen

geheimnisvolle regelsätze
bestärken dein tun und fühlen
deine meinungen eine tauschwährung
deine komfortzone
dein käfig
dein konsum
deine konzepte
keine kontrolle

kleine datenverluste
schmeicheln dem umsatz
egal was du brauchst
die algorithmen halten dich
bei laune

kleinod

zarte berührungen
am morgen
ein müder blick
streift schimmernde scheiben
kontrolle auf kratzer
und reifencheck, rasch
zentralentriegelung
sattes schmatzen, erleichterung
nimm platz hinterm steuer
lass die zylinder brodeln
vorm zebrastreifen

das richtige

eine flotte suv's
so sagen die einen
das e-bike andere
öpnv noch andere
ist in unserem reichen land
das beste
ich aber sage
das was uns vorwärtsbringt

nach einem Gedicht von Sappho, um 600 v. Chr.

nichts böses

sie macht sich sorgen um ihre altersversorgung
ich bin die ernährerin meiner familie
du musst auch schauen, wo du bleibst

soll sie bausparen oder gold kaufen?
die pestizide brennen auf meiner haut
du findest keine bezahlbaren arbeitskräfte

ihr ist der spargel zu teuer
ich arbeite dreizehn stunden am tag
du hast einen klugen steuerberater

zu weihnachten spendet sie an mindestens
drei hilfsorganisationen
was soll aus mir werden?
leute wie du erhalten die wirtschaftskraft

sie ist nicht reich
ich bin erschöpft
du gehst bankrott

wir wollen doch alle nichts böses

inspiriert von Valentina Richthammer: Wir

rasenmäher

das gras ist laut geworden
sie brüllen es nieder
sie häckseln und metzeln
alles was grün ist
und manchmal noch mehr
sirren und summen
ein kettengeräusch
männer in schutzkleidung
und sonnenbrillen
sie hören das gras
nicht wachsen

planungsaufruf

liebe anforderungen!
wichtige stadt ist wenig gestaltet,
ihre meinung unsicher.
ergebnisse möchten wir wissen;
die prozessbeteiligten schlagen vor:
so könnte es einmal aussehen.
ein starker gürtel,
begegnungen auf brücken
und haltestellen für visionen
schaffen zentrale orientierung
im grünen bereich.
die zukunft ordnet sich auf bahnhofs flügeln,
ideenwerkstätten reparieren die altstadt.

inspiriert von:
Stadt Regensburg (2017): Stadtraum gemeinsam gestalten
– mach mit! Informationsbroschüre zur Bürgerbefragung
(Stadtraumentwicklung zwischen Hauptbahnhof und
Altstadt).

bestandsaufnahmen

sonne im hausflur
blümchenmustertapete
ein koffer wartet

vasarely

zwei schnobernde schnauzen
zärtlich ineinandergeschnuffelte ohrentiere
ich schreibe von bildern ab
zebrastreifen auf der netzhaut
claire: rote wäscheklammer
schwarze leinen
ein rehblatt eine streichelhand
miss europa im roten kleid
haltet zusammen ihr städte
ein dolch und ein ziegelherz
für das bauhaus
ein kohlkopf ein mantelkragen
rote lippen zwiebelturm
blumenblasenpatchwork
briefmarkentapetensonnenscheindomtürme
wolfspelz und tütchenhütchen hütchenkleider
pfeile und hiergehtslang
eine u-bahn ein leuchtender raum
jean pierre yvaral
ein all voller klötzchen eine klötzchenbrust
stacheletagen und der korridor
eines raumschiffs
ein stelenmeer vor dem wabenhorizont
lichtpunkte fernes gleißen

aus wenigen flächen die wiedererkennung
der präsidenten
victor: square by square
wie sie aus der reihe tanzen
geschnittenes rund
das große im kleinen
die diarähmchen verkehrt
ein tischknauf ein mäusemund
kathedralen und lila
schwarzweißmusik
ein hochhaus ein schaltplan
verwerfung im stadtgefüge
gedankenblasen formengedränge
ein scharfes messer brauchst du
der wind an den museumsfenstern
verheddert in hölzernen lamellen
silberrinde antennenorgel
fischgrätparkettboden passend zur kunst
ein farbenklangraum
spinnen spannen netze
zwischen wolkenkratzern
ein schlüsselloch in der zeit
aztekenzeichen gestörte strömung
schallwellen ein brustpanzer
alles steht kopf und bauch
fenster linse und augapfelkern
geschmückte kolben relief

raum-zeit-verzerrung
laufmaschenmuster
kreisen strudeln tauchen
an-ecken
ein zauberwürfelspielteppich
gefrorenes glas
verschoben verwechselt
bunte lichter bunte schatten
ein dämmern verbleichen
silbertaler im wortgewand
eine welt ein spiegel der anderen
leuchtende monitore
und wenn du dich anschleichst
kannst du die räume
im dunkeln sehen

Pécs, 15. Mai 2016
Vasarely Múzeum

38

siebenmal mehr

mehr schreiben als reden.
mehr spüren als hoffen.
mehr tanzen als sitzen.
mehr singen als schweigen.
mehr umarmen als händeschütteln.
mehr buntes gemüse.
mehr leben als alles andere.

inspiriert von Ilma Rakusa: Sieben Wünsche

baustelle

die gläser sind voll sandigem staub.
die zeitung lässt sich nicht mehr umblättern,
seit beton zwischen die seiten geraten ist.
im kühlschrank lagern
wärmedämmende ziegel.
das bett wurde gegen den dachstuhl getauscht,
nachts leuchten die sterne
durch den halbfertigen kamin.
rohre atmen leise.
wasser rasselt unterm keller.
maßzeichnungen zieren das klo.
ein metermaß für mein kuchenrezept!
im ofen simmert dichtungsschlämme.
dachpfannen geben den ton an.
eine wand nach der anderen
putzt sich heraus.
das kranauge sieht alles.
die säge kreißt und gebiert sieben neue sägen:
handsäge, stichsäge, kreissäge 2,
schattenfugenfräse,
laubsäge, fuchsschwanz und motorsäge.
und ewig schweigen die leeren wälder.
ein lastwagen kommt zu besuch.
der bagger verschläft

und kommt wieder zu sich
als der fäustling ihn trifft.
hammer und meißel geben sich ein stelldichein.
stahl und glas verabreden sich zu einem date.
beton ist beton, und schlamm ist zufall.
zwei zangen begreifen sich nicht.
stromausfall: der zufallsgenerator springt nicht an.

lebensliste

für jedes jahr des lebens
ein handgriff mehr
die augentropfen
die spezialzahncreme
die zwischenraumbürste
die hundert striche
durchs erste grau
feuchtigkeitscreme
für gesicht und füße
massage und übungen
für mehr rückgrat

siebenmal mehr (2)

mehr fragen als antworten.
mehr zuhören als reden.
mehr zimt als zigaretten.
weniger getrennt als verbunden.
mehr zeilen als zäune.
mehr bäume als polizisten.
mehr sommer am meer.

über das quereinsteigen

du brennst für die sache
ohne genau zu wissen
was eigentlich sache ist

du kannst nicht genug bekommen
obwohl du dich nie genug
darauf vorbereitet fühlst

du bist begeistert
auch wenn dein geist
nicht folgen kann

du bist bestens ausgebildet
für etwas
das hier nicht zählt

du bist neugierig
auf die alten hüte
der anderen

du bist quer eingestiegen
und über grenzen gegangen
um neuland zu erforschen

du bist in aller unvollkommenheit willkommen
und denkst
was soll's:

wer in fremden gefilden wildert
darf keine scheu haben
dort einen bock zu schießen

im klostergarten

eine burg
eine kapelle
ein stromverteiler

ein wehen und rascheln
ein rotbraunes fell
schnurren
eine rosa zunge
ein mauseloch

fünfzehn fenster ein türmchen und keine
zypressen
ein stier eine robbe
ein spiegelbild

dreiundvierzig radkappen
und eine schwarze felge

zwei pfeiler ein rasenmäher
vierzehn kanaldeckel
ein zwitschern ein fiepen
kein miauen
zwei wege ein dieselmotor
ein behütdichgott

noch eine kapelle
kein zimmerschlüssel für den eingang
ein ausblick
ein gekreuzigter
auf rotem grund
zwanzig stühle
ein altar eine flamme eine gegenwart

spalier und gartentore
noch ein kanaldeckel
ein brunnen
eine gottesmutter mit dach über dem haupt
ein christuskind mit lockigem haar
zwei wasserhähne im eiswind
sieben maulwurfshügel

fünf rosenbüsche im dreieck
ein hydrant
etwa siebzig salatköpfe und ungezählte
feldsalatbüschel
am vierundzwanzigsten oktober

inspiriert von Jaques Prévert: Inventar

zeitgedanke

ich sitze oben im stundenglas
und schaue dem sand hinterher
unter mir häuft sich das leben

berufserfahrung

fünfzehn jahre brauchte er
um zu erkennen
dass das schnappgeräusch im flur
keine sich öffnende tür
sondern ein vorwärtsspringender
zeiger ist

biografie einer ehe

von ferne verehren
nach nähe verzehren
den körper begehren
die liebe verklären
bald nächte gewähren
und schmerzhaft gebären
familie ernähren
das letzte aufzehren
beim leben beschweren
einander versehren
die freiheit verwehren
der worte entbehren
die fronten abklären
sich einsicht bescheren
wenn wunden verjähren
wird ruhe einkehren

was sie füreinander waren

was sie füreinander waren
in den präsenzphasen ihrer liebe
wie sie einander erkannten
an ihren stimmen
wie die sonne sie wärmte
in ihrem boot
wie sie die ufer erklommen
jeder ein anderes

geschmeide

eine kette um meinen hals
eine perle aus eis
und zwei aus feuer
hinterlassen die gleichen spuren
auf meiner haut

ja

die schulglocke läutet
als wäre es gestern
und plötzlich
beginnt schon die zweite halbzeit
die kindheit und jugend
lasse ich gern hinter mir

es gibt langweiligeres
als das büro und die bücher
der elfenbeinturm
ist keine warme behausung

das ticken der uhr
strukturiert mir den tag
und ich wünsche mir weiter
unendlich viele träume

inspiriert von Sarah Kirsch: Die Insel

mehr brauche ich nicht

ein bett ein schrank
ein tisch ein stuhl
mehr brauche ich nicht
ein dach überm kopf
und auch mal keines
mehr brauche ich nicht
ein wort ein stift
eine idee oder zwei
aneinandergereiht wie vögel
auf einer telegrafenleitung
ein buch in der hand
ein glas in der anderen
mehr brauche ich nicht
eine freundin ein blick
etwas aus seide
und etwas aus holz
zwei socken ein handtuch
eine spange kein kamm
mehr brauche ich nicht
den regen die sonne
das wechselnde licht
die ruhe vor und nach dem sturm
mehr brauche ich nicht
ein boot ein schaukelstuhl

meere und fichten
und im kaffeehaus sitzen
mehr will ich nicht
manchmal
ein weg eine grenze
wolken und blau
bewegen und wurzeln
mehr brauche ich nicht
als schuhwerk zum wandern
und das gefühl von leichtem gepäck
während irgendwo immer noch
ein koffer wartet

im herzen der stille

abend im park
regen fällt aufs blätterdach
ich stehe schweigend

the day after

zwischen ufer und ufer
die schmale linie
zwischen herzton und stille
asphalt
zwischen klinge und knochen
der atem
zwischen schmerz und gewissheit
ein schuss
zwischen warten und wissen
vier oder fünf
zwischen schuld und bekenntnis
die nacht
und keine brücke
zwischen ihnen und uns

im herzen der stille

auf dem meergrund ruht das herz der stille
ich atme im takt der strömung
weit oben am horizont
ziehen die schiffe
sie wissen nichts
von mir
ich sinke
ich sinke tiefer
in den meeresboden
glutrotes zischen steigt auf
durch meine hände rinnt lava
ich sinke der schmelzenden zeit entgegen

alltagshindernisse

das schaben der hockerbeine
auf den fliesen
staubflusen an teppichrändern
wenn das telefon klingelt
und meine gedanken zerreißt
zeitdiebe in treppenhäusern
gute ratschläge
und meine reflexe darauf
energisches klopfen
bevor die tür aufplatzt
und jemand stör ich? fragt
ihr laut und mein leise
und mein ewiges suchen nach stille

was es heißt

stehenbleiben heißt: nicht atmen.
atmen heißt: nicht denken.
denken heißt: nicht gehen.
gehen heißt: nicht stehenbleiben.
stehenbleiben heißt: nicht zählen.
zählen heißt: nicht denken.
denken heißt: nicht atmen.
atmen heißt:

leerstelle

da ist das graubraune holz
die ungleichen fugen und astlöcher
wo die luft ins dunkel späht
längst haben die hornissen den flug eingestellt
noch steht der phlox
zwischen stachelbeersträuchern und gartenzaun
da ist die wäschespinne
vor dem verlassenen hasenstall
die leere hütte des kettenhundes
eine struppige katze miaut vor dem scheunentor
das rostige wellblechdach neigt sich zum kies
am kirschbaum endet die straße
jemand hat vergessen die liegestühle reinzuholen
von dem platz wo der schneepflug wenden wird
äpfel fallen durch das dach des gewächshauses
die gärtnerin fehlt

was die zeit bestimmt

seit sie nicht mehr da ist
klingelt sonntags nicht das telefon
zu einer bestimmten zeit
seit das telefon nicht klingelt
nennt niemand mich so
seit niemand mich nennt
erinnert sich niemand
seit sich niemand erinnert
kocht niemand für mich
seit niemand kocht
bin ich hungrig
und nicht erst
seitdem

mutter

wann habe ich dich
zuletzt schlafen sehen?
zuletzt sah ich dich
schlafend

letzte geschenke

ich nehme alles zurück:
den grabschmuck
das blätterrascheln
die feuchtigkeit
stattdessen ziehe ich furchen ins dunkel
dann kommt der siebenfache schlaf

auf rollschuhen nebenbei

tag für tag lauschen
auf die geräusche der welt
silbenabzählend

worte

es gibt kellerworte
und dachbodenworte
manche lagern tief
in den regalen
vor langer zeit gepflückt
und eingeweckt
konservenworte
für sprachlose zeiten
worte wie himbeergelee
und essiggurken
andere verstauben
unterm dach
vergessen
vererbt
von oben herab

ganz anders die wörter
für den hausgebrauch
die, die den betrieb am laufen halten
küchenwörter, unter dem türstock und
am offenen kühlschrank gesprochen -

ich jage und sammle sie
mit gespitztem bleistift

ich öffne schublade um schublade
und breite sie
auf blättern aus
ich putze sie
ich stutze sie
bis sie erwählt sind
und gefügig
dann poliere ich die sätze
bis sie glänzen

gedichte kennen keinen abspann
kein making-of und
keine bonustracks

aber

aber und kein
ein aber ist kein und
kain und abel
ein bruder ist kein cousin
abend und morgen
ein mond ist kein mars
aufbau und abbruch
eine scheune ist kein haus
mehl und apfel
ein baum ist keine taschenuhr

geschenkte reise

unterwegs auf den schienen des alltags
vor dem fenster ein lebloser himmel
ich führe gespräche
auf abruf
in der hinteren hosentasche
klingelt es grün
ich wechsle das zimmer
und wische die stimme zu mir:
stipendium!
noch muss ich weiter
doch ich werde sein
wo ich sein will
im mai

plötzlich in pécs

die schöne unbekannte
umarmt mich
mit ihren gegensätzen
sie zwinkert mir regentropfen
auf blühende kastanien
und hält mich fest
in meiner mitte
ich lasse mich schreiben
von café zu café
ein jedes wie eine
kleine universität
das herz der stadt
krönt eine kuppel
sogar ihr staub ist weicher
als daheim -
endlich begreife ich
den unterschied
zwischen makellos
und schön

ankunft

du kamst an einem regnerischen abend
mit deiner welt im gepäck
jetzt trägst du sie nutzlos
durch fremde straßen
du brauchst einen rhythmus
so wie der klee
der aus den fugen wächst
und dabei häuser mit straßen verwurzelt
dann summt der asphalt
bei jedem schritt
und der gehsteig
erzählt dir geschichten
jenseits des stadttors
beginnt deine ankunft
schau, die kastanien
erkennen dich schon

verwunschener montag

ein grüngetränkter
regensatter nachmittag
kastanien blühen
weiß und rosa
ein erster nachmittag
auf offenen straßen
raum für gedanken
und nicht-gedanken
schauend und schweigend
unter schutzbäumen gehen
bis ein sonnenstrahl
den zauber bricht

über das schreiben auf reisen

über das schreiben auf reisen
möchte ich am liebsten schreiben
während ich reise
und ich reise
während ich schreibe
zuverlässig
und pünktlich
oder mit erheblicher verspätung
zugausfall: ein leck in den gedanken
die poesie verkehrt
in umgekehrter wagenreihung
und reservieren geht nicht
auch beim dichten kann man
den anschluss verlieren

was am ende übrig

wenn die wörter
mit dem falschen fuß
wenn's wieder mal schief
und alles wackelt
wenn beim sortieren nichts
und am ende des tages
wenn du wieder und wieder
wie ein teig, der nicht
wenn du dich mächtig ins zeug
wenn alles den bach
und wieder zurück
wenn die wörter wie fische
nach luft
wenn du verstummst
und alles laut
wenn du suchst und suchst
was geht
was bleibt

wie gedichte sind

abend und morgen
liebe und gras
gedichte wollen
einfach sein

hinter deinem rücken
blinzeln sie
und senken die lider
sobald du sie anschaust
sie kommen auf rollschuhen
nebenbei
und leuchten dir plötzlich
während du im dunkeln tappst

gedichte geben antwort
solang du nicht fragst

Inhalt

Autorin

Sabine Rädisch wurde 1973 in Deggendorf geboren und wuchs auf einem Bauernhof in Niederbayern auf. Dem Lauf der Donau folgend, studierte sie Bauingenieurwesen in Regensburg und ließ sich in Wien zur Schreibpädagogin ausbilden. Seit 2011 leitet sie Kurse für kreatives und biografisches Schreiben in Regensburg. 2019 veröffentlichte sie zusammen mit Petra Teufl „Das Schreiblustbuch. Dichten, kritzeln, mit Worten spielen" mit 50 kreativen Schreibimpulsen.

Sabine Rädisch schreibt Lyrik und Prosa und veröffentlichte bereits mehrere Romane.

www.sabine-raedisch.de